T0197537

Sydney

Un livre de couleur et de
couleur à nouveau

To order additional copies of this book, contact:
Xlibris
844-714-8691
www.Xlibris.com
Orders@Xlibris.com

ISBN: Softcover   978-1-6698-5601-6
       Hardcover   978-1-6698-5603-0
       EBook   978-1-6698-5602-3

English Version:
       Softcover   978-1-6698-5445-6
       Hardcover   978-1-6698-5444-9
       EBook   978-1-6698-5443-2

Chinese Version
       Softcover   978-1-6698-5660-3
       Hardcover   978-1-6698-5661-0
       Ebook   978-1-6698-5662-7

Spanish Version
       Softcover   978-1-6698-5447-0
       Hardcover   978-1-6698-5448-7
       Ebook   978-1-6698-5446-3

Print information available on the last page

Rev. date: 01/27/2023

Sydney

Sydney est un petit bulldozer heureux, amical et confiant qui jouit d'une vie délibérée. Contrairement aux livres de coloriage traditionnels, c'est un livre effaçable, "couleur et couleur à nouveau". Les filles et les garçons apprécieront ce livre parce que le sexe n'a pas d'importance lorsque vous poursuivez vos objectifs – à ajouter après la dernière phrase de la page Sydney.

~ Note de l'auteur ~

Les marqueurs d'effacement à sec sont faits pour les surfaces non poreuses qui facilitent l'effacement de l'encre en utilisant simplement un tissu nasal. Les marqueurs traditionnels ne doivent pas être utilisés car ils ne sont pas effaçables. Si elles le sont, colorer à nouveau avec un autre marqueur traditionnel va le dissoudre puis essuyer propre.

Dédicace

Ce livre est dédié aux entrepreneurs ayant les plus grandes idées et l'imagination qui n'ont pas encore trouvé de foyer pour leur enfant cérébral. Nous vous félicitons. Nous sommes vous.

"Ce n'est pas le critique qui compte; pas l'homme qui souligne comment l'homme fort trébuche, ou où l'auteur des actes aurait pu mieux les faire. Le crédit appartient à l'homme qui est en fait dans l'arène,..."

— Theodore Roosevelt

Le moteur de Sydney a grondé à la vie au début de la journée de travail.

Le petit bulldozer est sorti du garage et a pris la route.

Bonjour, Capitaine Stoplight !

Bonjour, Sydney ! Qu'est-ce que vous êtes
tu vas le faire aujourd'hui ?

Je vais travailler. Je vais pousser
un peu de saleté.
Je vais construire une chose ou
deux.
Ça pourrait être une école,
ou une piscine,
ou peut-être que je vais construire
un zoo !

Sydney a continué sur la route.

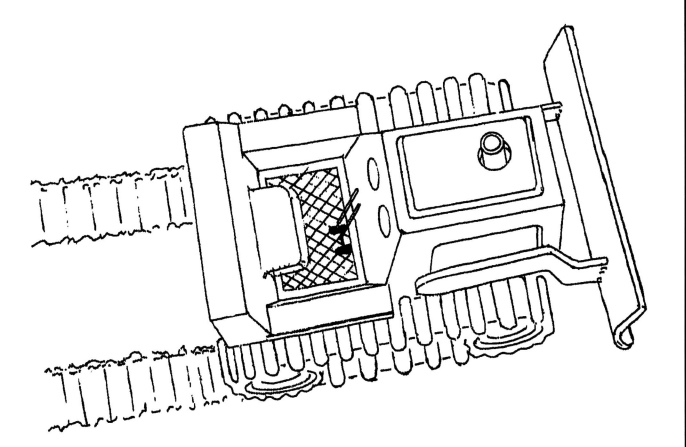

Bonjour M. Railroad Crossing Gate!

Bonjour, Sydney ! Qu'est-ce que vous êtes

tu vas le faire aujourd'hui ?

Je vais travailler. Je vais pousser un peu de saleté.

Je vais construire une chose ou deux.

Ça pourrait être une école,

ou une piscine,

ou peut-être que je vais construire un zoo !

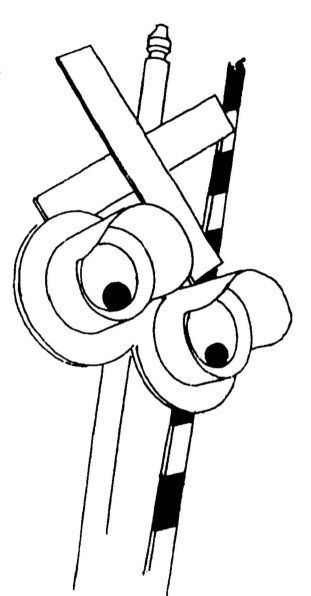

Sydney est arrivé sur le chantier et a souri.

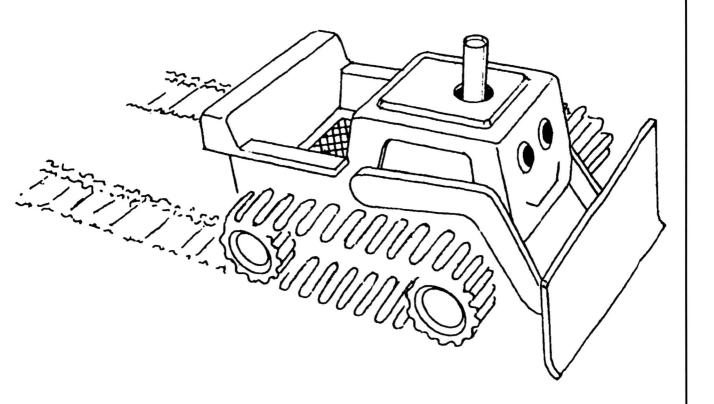

Puis Sydney a dit, j'aime mon travail. Je me demande quoi Je vais construire aujourd'hui.

Une école ?

Un zoo ?

Une piscine ?

Qu'est-ce que tu penses que Sydney a construit ?

Le sifflet a soufflé !

   La journée de travail était terminée.

Sydney était fatiguée mais heureuse.
Maintenant il était temps de rentrer chez lui au garage.

"Bonne nuit, M. Railroad
Passage Gate."

"Bonne nuit, Sydney."

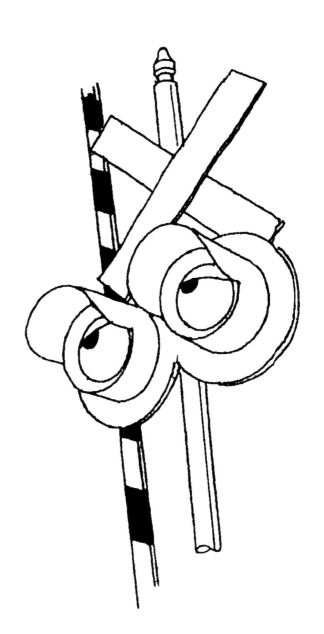

"Bonne nuit, Capitaine
Stoplight."

"Bonne nuit, Sydney."

De retour dans le garage, Sydney sourit,
puis éteins le moteur pour la nuit.

Z - z - z - z

Les auteurs

Janis Rice est né dans le Michigander et a grandi à Rochester Hills. Auparavant, elle était active dans le sport. Assistante administrative exécutive chez Elias Brothers Big Boy, elle est devenue plus tard une recrue pour les candidats commerciaux. Cela a été réduit, cependant, avec l'apparition de la sclérose en plaques. Depuis, elle a traité une multitude de problèmes physiques, le plus long, MS.

Mais son histoire ne s'arrête pas là. Jan a été active dans son église et sa communauté. Elle et son mari Marshall ont créé plusieurs entreprises.

Marshall Rice est né à Pontiac, dans le Michigander. Il a étudié le design industriel au College for Creative Studies de Detroit et Art Center College of Design de Los Angeles. Sa carrière a commencé en tant que designer industriel, a fait la transition vers l'ingénieur de design, pour remplacer enseignant et auteur maintenant publié. Il est titulaire d'un baccalauréat en études générales de l'Université d'Oakland, Rochester Michigan. Marshall signe également dans la chorale de l'église méthodiste unie et joue de la flûte dans le Waterford New Horizons Concert Band.

Ils résident actuellement à Rochester Hills, Michigan.

Pouvez-vous dessiner un ami pour Sydney?

Pouvez-vous dessiner ce que vous pensez
que Sydney devrait construire ensuite?

Combien de formes pouvez-vous aider Sydney à faire?

RICECHEKS
BOOKS

www.sydneythebulldozer.com
RicecheksBooks1@outlook.com

Printed in the United States
by Baker & Taylor Publisher Services